Durch Kampf zum Frieden

Aus Dr. Roßvallys Lebensgeschichte

Verlag der St.-Johannis-Druckerei C. Schweickhardt
Lahr-Dinglingen

Die bunte Erzählreihe · Reprintdruck
Nr. 08 002

CIP-Kurztitelaufnahme der Deutschen Bibliothek

Durch Kampf zum Frieden : aus Dr. Roßvallys Lebensgeschichte. –
Lahr-Dinglingen : Verlag der St.-Johannis-Druckerei Schweickhardt, 1987
(Die bunte Erzählreihe ; 08002)
ISBN 3-501-00362-5
NE: GT

ISBN 3 501 00362 5
20.–22. Tausend
Umschlag: Foto: M. Romberg, Möwe über der Nordsee
© 1987 by Verlag der St.-Johannis-Druckerei C. Schweickhardt,
Lahr-Dinglingen
Gesamtherstellung:
St.-Johannis-Druckerei C. Schweickhardt, 7630 Lahr-Dinglingen
Printed in Germany   9281/1987

Der junge Tambour.

Während des amerikanischen Krieges diente ich als Stabsarzt in der Armee der Vereinigten Staaten. Nach der Schlacht von Gettysburg lagen in unserm Lazarett viele Hunderte verwundete Soldaten, von denen ich 28 sofort amputieren mußte; einigen mußten sowohl Arme wie Beine abgenommen werden. Unter ihnen war ein Jüngling namens Karl Coulson, der nur zwei Monate gedient hatte, und weil er zum eigentlichen Felddienst noch zu jung gewesen, als Tambour eingereiht worden war. Als mein Assistenzarzt und einer der Wärter vor der Amputation Chloroform anwenden wollten, wandte er sich ab und weigerte sich entschieden, es zu nehmen. Als der Wärter ihm sagte, es sei der Vorschrift des Arztes gemäß, erwiderte er kurz: „So laßt den Doktor zu mir kommen!"

An sein Lager tretend, redete ich ihn folgendermaßen an: „Junger Mann, warum weisen

Sie das Chloroform ab? Als ich Sie auf dem Schlachtfeld fand, waren Sie so schwach, daß ich es kaum für der Mühe wert hielt, Sie aufzuheben; aber als Sie die großen blauen Augen aufschlugen, dachte ich, Sie hätten vielleicht noch eine Mutter, die in diesem Augenblick an ihren Sohn denke. Da ich Sie nicht auf freiem Feld sterben lassen wollte, ließ ich Sie hierherbringen; Sie haben aber so viel Blut verloren, daß Sie zu schwach sind, ohne Chloroform die Operation auszuhalten; deshalb ist es besser, Sie lassen es mich anwenden."

Da sagte er, mir ins Gesicht blickend: "Herr Doktor, als ich neun Jahre alt war, gab ich eines Sonntagnachmittags in der Sonntagschule mein Herz dem Herrn Jesus. Ich lernte damals Ihm vertrauen; seit jener Zeit habe ich Ihm vertraut und glaube, ich darf Ihm auch jetzt vertrauen. Er ist meine Kraft und meine Stütze; Er wird mir beistehen, wenn Sie mir Arme und Beine abnehmen."

Hierauf fragte ich ihn, ob er mir wohl erlauben wolle, ihm etwas Branntwein zu reichen.

Wiederum sah er mich an und sagte: "Herr Doktor, als ich etwa fünf Jahre alt war, kniete eines Tages meine Mutter neben mir nieder, schlang ihren Arm um meinen Hals und sagte: ,Karl, ich will jetzt den Herrn Jesus bitten, daß niemals ein Tropfen geistigen Getränkes über deine Lippen kommen möge. Dein Vater starb als Trunkenbold und sank in eines Säufers Grab; da gelobte ich, mit Gottes Hilfe dich so zu erziehen, daß du junge Leute vor diesem bittern Kelch warnen möchtest.' Ich bin jetzt 17 Jahre alt, habe aber nie stärkeres Getränk gekostet als Kaffee und Tee; und nun, da ich aller Wahrscheinlichkeit nach bald vor meines Gottes Angesicht trete, wollten Sie mich mit Branntwein auf den Lippen zu Ihm senden?"

Nie werde ich den Blick vergessen, den der Jüngling mir zuwarf. Zu dieser Zeit haßte ich noch Jesus; aber ich mußte dieses Jünglings Treue gegen seinen Heiland hochachten. Seine Liebe und sein festes Vertrauen zu Ihm konnten mein Herz nicht ungerührt lassen; ich tat deshalb, was ich nie bei einem andern Soldaten getan: ich fragte nämlich, ob er seinen Geistlichen wünschte. „O ja, Herr Doktor," war die Antwort.

Als der Feldprediger R. kam, erkannte er den Jüngling; er hatte ihn oft in den Gebetsversammlungen gesehen. Seine Hand ergreifend, äußerte er teilnehmend: „Armer Karl, wie betrübt es mich, Sie in dieser traurigen Lage zu finden!"

„O es geht mir gut!" versetzte der Verwundete. „Der Arzt bot mir Chloroform an; aber ich lehnte es ab; auch den angebotenen Branntwein nahm ich nicht, kann also, wenn mein Heiland mich ruft, mit klarem Geist Seinem Ruf folgen."

„Sie werden nicht sterben, Karl," erwiderte der Feldprediger; „aber könnte ich vielleicht etwas für Sie tun, wenn der Herr Sie abrufen sollte?"

„Unter meinem Kopfkissen werden Sie meine kleine Bibel mit der Adresse meiner Mutter finden," sagte der Kranke. „Senden Sie ihr bitte das Buch und teilen Sie ihr mit, daß seit der Stunde, in welcher ich von der Heimat schied, nicht ein Tag vergangen ist, weder während des Marsches noch auf dem Schlachtfeld noch im Hospital, an welchem ich nicht einen Abschnitt in Gottes Wort gelesen und um des Herrn Segen für meine teure Mutter gefleht hätte."

„Haben Sie sonst noch etwas auf dem Herzen, mein Junge?" fragte der Feldgeistliche weiter.

„Ja, bitte, schreiben Sie einen Brief an den Oberlehrer der Sand=Street=Sonntagschule in Brooklyn, N.=Y., und teilen Sie ihm mit, ich hätte seine gütigen Worte, seine vielen Gebete und guten Ratschläge nicht vergessen; sie haben mich in allen Gefahren der Schlacht begleitet, und jetzt in meiner Sterbestunde bitte ich meinen treuen Heiland, daß Er meinen lieben alten Lehrer segnen wolle. Das ist alles."

Darauf sich zu mir wendend, sagte er: „Jetzt, Herr Doktor, bin ich bereit und verspreche Ihnen, nicht einmal zu stöhnen, auch wenn Sie kein Chloroform anwenden."

Ich willigte ein; aber ich hatte nicht den Mut, die Operation zu vollziehen; deshalb begab ich mich zuvor in das nächste Gemach, um mich wenigstens durch ein leichtes Reizmittel zur Erfüllung meiner Pflicht zu stärken.

Während ich durch Karl Coulsons Fleisch schnitt, hörte ich keinen Laut; als ich aber das

Instrument ergriff, um die Knochen zu trennen, nahm er das Ende seines Kissens in den Mund, und alles, was ich ihn äußern hörte, waren die Worte: „O Jesus, geliebter Jesus, bleibe jetzt bei mir!" Er hielt sein Versprechen: er stöhnte nicht.

In dieser Nacht konnte ich nicht schlafen; beständig erblickte ich diese sanften, blauen Augen, und die Worte: „Geliebter Jesus, bleibe bei mir!" klangen stets in meinen Ohren wider. Zwischen 12 und 1 Uhr verließ ich mein Lager und besuchte das Hospital — etwas, was ich nie zuvor getan hatte, ohne ausdrücklich verlangt worden zu sein — so bringend war mein Wunsch, diesen Jüngling noch einmal zu sehen. Bei meiner Ankunft erfuhr ich durch den Wärter, daß bereits 16 Verwundete gestorben und in das Leichenhaus gebracht worden seien.

„Wie geht es Karl Coulson? Ist er auch unter den Toten?" war meine einzige Frage.

„Nein," erwiderte der Wärter, „er schläft so süß wie ein kleines Kind."

Als ich an sein Bett trat, erzählte mir eine der Pflegerinnen, gegen 9 Uhr hätten zwei Mitglieder des christlichen Jünglingsvereins im Hospital die Runde gemacht, um den Kranken vorzulesen und geistliche Lieder zu singen. Der Feldgeistliche R., in dessen Begleitung sie gekommen, sei an Karl Coulsons Bett niedergekniet und habe ein inniges, herzergreifendes Gebet gesprochen und nach demselben mit den Jünglingen kniend das liebliche Lied gesungen: „Jesus,

Heiland meiner Seele," in welches Karl mit eingestimmt. Mir war es geradezu unfaßlich, wie der Jüngling nach solch furchtbaren Schmerzen noch hat singen können.

Fünf Tage nach der Amputation ließ mich dieser liebe Jüngling zu sich rufen; durch ihn wurde mir nun zum erstenmal das Evangelium verkündigt.

„Herr Doktor," sagte er, „meine Stunde ist gekommen; ich erwarte nicht, noch einen Sonnenaufgang zu erleben; aber dem Herrn sei Dank, ich bin zum Sterben bereit. Doch ehe ich scheide, möchte ich Ihnen von ganzem Herzen für Ihre Güte danken. Herr Doktor, Sie sind ein Jude; Sie glauben nicht an Jesus; aber wollen Sie nicht hier bleiben und sehen, wie ich bis zum letzten Augenblick meines Lebens auf meinen Heiland vertraue?"

Ich versuchte zu bleiben, aber ich vermochte es nicht; ich hatte nicht den Mut, einen christlichen Jüngling sterben zu sehen, glückselig in der Liebe zu demselben Jesus, den zu hassen man mich gelehrt hatte. Deshalb verließ ich das Zimmer. Ein Wärter, welcher mir etwa 20 Minuten später folgte und mich in meinem Privatzimmer fand, wie ich das Gesicht mit beiden Händen bedeckt hielt, sagte: „Herr Doktor, Karl Coulson wünscht Sie zu sprechen."

„Ich habe ihn eben noch besucht," entgegnete ich, „und kann nicht schon wieder zu ihm gehen."

„Aber Herr Doktor, er sagt, er müsse Sie sprechen, ehe er sterbe."

Ich raffte mich auf, um ihn noch einmal zu sehen, um ihm vor seinem Tod noch ein liebevolles Wort zu sagen; aber ich war fest entschlossen, mich von seinen Bemerkungen nicht im geringsten beeinflussen zu lassen, soweit dieselben seinen Jesus betrafen. Ich erkannte sogleich, daß sein Ende sehr nahe sei.

"Herr Doktor," sagte er, "ich habe Sie lieb, weil Sie ein Jude sind; mein bester Freund, den ich in dieser Welt habe, war auch ein Jude."

"Wer war das?" fragte ich.

"Jesus Christus," erwiderte er, "zu dem ich Sie noch führen möchte, ehe ich sterbe. Versprechen Sie mir, Herr Doktor, daß Sie das, was ich Ihnen jetzt sage, niemals vergessen wollen!"

Als ich ihm das Versprechen gegeben, fuhr er fort: "Vor fünf Tagen, als Sie mir Arme und Beine abnahmen, betete ich zu Jesus Christus, daß Er Sie bekehren möchte."

Diese Worte trafen das Innerste meines Herzens; ich konnte nicht verstehen, wie es möglich sei, während ich ihm die größten Qualen verursachte, alles um sich her zu vergessen, um nur an seinen Heiland und an meine unbekehrte Seele zu denken. Alles, was ich erwidern konnte, war: "Ja, mein Junge, es wird alles gut werden." Mit diesen Worten verließ ich ihn; zwölf Minuten später war er entschlummert und bei Jesus, seinem Herrn.

Hunderte von Soldaten starben während des Krieges in meinem Hospital; aber ich folgte nur einem einzigen zum Grabe — dieser eine war Karl Coulson, der junge Tambour. Ich ritt eine Stunde weit, um seinem Begräbnis beizuwohnen. Ich hatte ihn in eine neue Uniform kleiden und in einen mit einer neuen Flagge der Vereinigten Staaten bedeckten Offizierssarg legen lassen. —

Dieses lieben, sterbenden Burschen Worte hatten einen tiefen Eindruck auf mich gemacht. Ich war zu jener Zeit reich an irdischem Gut; aber ich würde jeden Pfennig dafür hingegeben haben, so zu Christus zu stehen wie er. Das kann freilich nicht mit Geld erkauft werden, „denn der Tod ist der Sünde Sold; aber die Gabe Gottes ist das ewige Leben in Christus Jesus, unserm Herrn" (Röm. 6, 23).

Monatelang konnte ich die Worte des lieben Knaben nicht loswerden; sie tönten mir fort und fort in den Ohren. Jedoch in der Gesellschaft weltlicher Offiziere vergaß ich allmählich die Predigt, welche mir Karl in seiner Sterbestunde gehalten, konnte aber nie seine bewunderungswürdige Geduld bei den heftigsten Schmerzen und sein kindliches Vertrauen auf diesen Jesus vergessen, dessen Name zu jener Zeit für mich nichts weiter als ein leeres Wort und eine Schmach war.

Der christliche Barbier.

Zehn Jahre lang noch stritt ich, trotzdem Gott so wunderbar durch den sterbenden Tambour zu mir geredet hatte, mit dem ganzen Haß eines orthodoxen Juden wider Christus. Da brachte mich Gott in Seinem Erbarmen aufs neue mit einem lebendigen Christen zusammen, der das zweite Werkzeug zu meiner Bekehrung werden sollte. Diesmal war es ein gläubiger Barbier.

Nach Beendigung des amerikanischen Krieges wurde ich mit der Inspektion einiger Militärhospitäler betraut. Eines Tages war ich auf dem Heimweg von einer Inspektionsreise und hatte einige Stunden Aufenthalt in Neuyork. Nach Tisch ging ich hinunter in die Barbierstube (welche, wie nebenbei bemerkt sei, in keinem bedeutenden Gasthof der Vereinigten Staaten fehlt), um mich rasieren zu lassen. Beim Eintritt in diese Stube war ich nicht wenig überrascht, ringsum an den Wänden 16 schön eingerahmte Bibelsprüche aufgehängt zu sehen, und gerade dem Stuhl gegenüber, auf dem ich Platz nehmen mußte, war in großen Buchstaben zu lesen: "Bitte, fluchen Sie in diesem Zimmer nicht!"

Kaum hatte mich der Barbier eingeseift, als er auch schon anfing, mit mir von Jesus zu reden. Er tat dies in einer solch herzgewinnenden Weise, daß ich ihm gar nicht böse sein konnte, sondern seinen Worten sogar gespannt lauschte, und es war mir, als stände, während er sprach, Karl Coulson, der junge Tambour, neben mir, obwohl dieser doch nun schon über zehn Jahre im Grab lag. Ja, die Rede und das Benehmen des Barbiers gefielen mir so gut, daß ich mir auch noch die Haare von ihm schneiden ließ. Auch während des Haarschneidens predigte er mir Christus und sagte, auch er sei einstmals weit von Ihm weg gewesen.

Seine Worte machten einen immer tiefern Eindruck auf mich, so daß ich ihn schließlich noch ersuchte, nur um desto länger bei ihm bleiben zu können, mir auch noch den Kopf zu waschen. Endlich aber war doch der Augenblick gekommen, da ich aufbrechen mußte; ich bezahlte meine Schuld, dankte ihm und sagte: „Ich muß mit dem letzten Zug fort." Der Barbier schien jedoch noch nicht ganz befriedigt zu sein.

Es war ein bitterkalter Februartag, und das Glatteis draußen machte das Gehen recht beschwerlich. Der gütige Barbier wußte dies und erbot sich daher, mich nach dem Bahnhof zu begleiten, obwohl dieser nur etwa zwei Minuten entfernt lag. Als wir vor der Tür waren, ergriff er mich sanft beim Arm und begleitete mich fast schweigend nach dem Stationsgebäude.

Dort wandte er sich noch einmal an mich und sagte: „Geehrter Herr, Sie sind mir fremd und wundern sich gewiß, daß ich mit Ihnen über diesen mir so teuren Gegenstand so ernst geredet habe. Aber ich erkannte auf den ersten Blick, daß Sie ein Jude sind." Nach dieser Einleitung begann er wieder, mit mir von seinem Herrn und Heiland zu reden, der für diese Welt und für die zukünftige sein bester Freund sei, und bemerkte, daß er sich gedrungen fühle und für verpflichtet halte, andre zu diesem Jesus zu führen, wo Gott ihm Gelegenheit gebe. Ich blickte ihm hierbei ins Gesicht und sah, wie dicke Tränen über seine Wangen rollten. Es war mir unbegreiflich, wie dieser Mann, der mich vor wenigen Minuten zum erstenmal im Leben gesehen, so tief um mich bekümmert sein konnte, daß er sogar Tränen vergoß.

Ich sagte ihm Lebewohl und hielt ihm meine Hand hin; er ergriff diese mit beiden Händen und drückte sie leise, während ihm noch die Tränen in den Augen standen, und sagte: „Ach, wenn ich Sie darum bitten dürfte und Sie mir Ihre Karte geben oder Ihren Namen nennen wollten, so würde ich Ihnen das Versprechen geben, in den nächsten drei Monaten unaufhörlich Ihrer vor Gott zu gedenken. Und möge nun mein Christus Ihnen keine Ruhe geben, bis Sie Ihn finden und Ihn selbst kennenlernen, so wie ich Ihn kennengelernt habe als meinen kostbaren Erlöser und als den Messias, auf den die Juden warten."

Ich gab ihm wirklich meine Karte und dankte ihm für seine Aufmerksamkeit und sein Interesse für mich, fügte aber ziemlich spöttisch hinzu: „Ich fürchte, es hat nicht viel Gefahr, daß ich jemals ein Christ werde."

Er reichte mir nun auch seine Karte mit den

Worten: „Wollen Sie mir nicht gütigst ein Kärtchen oder Briefchen schreiben, wenn Gott mein Gebet für Sie erhören sollte?"

„O gewiß!" sagte ich, ungläubig lächelnd, schüttelte ihm die Hand und stieg ein, dachte aber nicht im entferntesten an die Möglichkeit, daß schon 48 Stunden später Gott in Seinem Erbarmen mir die Augen geöffnet haben würde. Die Worte des Barbiers aber hatten einen tiefen Eindruck auf mich gemacht.

Gott sprach: Es werde Licht!

Die amerikanischen Eisenbahnwagen sind bekanntlich viel länger als die europäischen und haben nur eine Abteilung, in welcher etwa 60—80 Personen Platz finden können. Es waren wenig Mitreisende in meinem Wagen und darum viele Sitze leer; aber ich glaube, daß kaum noch ein freier Sitz da war, auf dem ich mich nicht in den nächsten 10—15 Minuten einmal gesetzt hätte, bis ich merkte, daß ich die Aufmerksamkeit meiner Mitreisenden in hohem Grad auf mich zog. So unruhig war ich. Endlich setzte ich mich still in eine Ecke und schloß meine Augen mit dem festen Vorsatz, nun einzuschlafen. Aber es gelang mir nicht. Ich hatte mich gleichsam zwischen zwei Feuer gesetzt.

Auf der einen Seite nahm scheinbar der Barbier von Neuyork neben mir Platz und auf der andern der junge Tambour. Beide redeten mit mir von Jesus, dessen Namen ich noch haßte. So kam ich nicht zur Ruhe.

In Washington angekommen, kaufte ich mir eine Zeitung, und fast das erste, worauf mein Auge fiel, war die Ankündigung eines christlichen Vortrags in einer mir wohlbekannten Freikirche der Stadt. Alsbald sagte eine innere Stimme zu mir: „Geh dahin!"

Ich hatte nie einer christlichen Predigt beigewohnt und würde zu einer andern Zeit diese Stimme als vom Teufel mit Hohn zurückgewiesen haben. Ich hatte nämlich Rabbiner werden sollen und gelobt, nie einen Platz zu betreten, wo man „Jesus, den Betrüger", göttlich verehrte, noch auch ein Buch zu lesen, das von Ihm zeugte, und hatte bis dahin mein Versprechen treu gehalten.

Nun war ich anders gesinnt; es zog mich hin. Die Bemerkung in der Anzeige, daß dort auch der christliche Gesangverein singen würde, kam mir sehr zu Hilfe. Da ich ein großer Musikfreund bin, glaubte ich, meinen Gang zum Anhören des Evangeliums wohl hiermit entschuldigen zu können. Ich ging also hin und fand den weiten Raum der Freikirche fast gefüllt. Einer der Kirchendiener brachte mich, vielleicht im Blick auf die goldenen Epauletten auf meiner Uniform, ganz nach vorn, fast dicht vor den Prediger, einen sowohl in Amerika als in England wohlbekannten Evangelisten.

Als der Gesang vorbei war, begann der Vortrag. Der Redner hatte noch nicht lang gesprochen, als ich mir sagte, daß er um mich Näheres wissen müsse; auch schien er nur mich im Auge zu haben und mir wiederholt mit dem Finger zu drohen. Ich folgte indessen seinen Worten mit gespannter Aufmerksamkeit, und es schien mir, als ob meine beiden frühern Prediger, nämlich der gläubige Barbier in Neuyork und der junge Tambour von Gettysburg, alle seine Worte mit Nachdruck bekräftigten. Mehr und mehr ergriff mich das Gehörte, und siehe, Tränen stahlen sich in meine Augen, die allgemach reichlich über meine Wangen rollten? Ich erschrak. Wo war ich, was tat ich? Ein orthodoxer Jude saß zu den Füßen eines christlichen Predigers und weinte Tränen über die Predigt von Christus. Ich wandte mich um und sah hinter mir eine Versammlung von etwa 2000 Personen aus allen Schichten der Gesellschaft, die mich alle im Auge zu haben schienen. Ach, wie wünschte ich mich nun wer weiß wie weit von diesem Gebäude hinweg! Ich hatte ein Gefühl, wie wenn ich in eine schlechte Gesellschaft geraten wäre. Ich blickte scheu um mich, denn ich war in der Stadt wohlbekannt. Etwa fünf Minuten von diesem Ort stand die Synagoge, die ich regelmäßig besuchte. Ich wagte auch nicht, meine Tränen zu trocknen; niemand sollte mich weinen sehen. Aber Gott sei Dank, Er wirkte weiter in meinem Herzen, und ich ließ meinen Tränen freien Lauf.

Nach Beendigung des ersten Vortrags kündigte man zum Schluß eine Nachversammlung an, zu welcher alle Zuhörer eingeladen wurden. Ich meinerseits war jedoch froh, nun entkommen zu können, nahm die Pause wahr und erhob mich mit der Mehrzahl zum Gehen.

An der Tür angelangt, fühlte ich mich aber von einer Hand sanft zurückgehalten; ich wandte mich um und erblickte eine alte Dame, die mich also anredete: „Gestatten Sie, mein Herr; ich sehe, Sie sind ein Offizier im stehenden Heer; ich habe Sie fast den ganzen Abend im Auge behalten müssen. Wenn ich nicht irre, wirkt Gott in Ihrem Herzen. Bitte, verlassen Sie das Haus noch nicht! Sie kamen gewiß hierher, um den Heiland zu suchen, und haben Ihn noch nicht gefunden. Kommen Sie doch zurück! Ich möchte gern mit Ihnen reden und für Sie zu Gott beten."

„Gnädige Frau," entgegnete ich, „ich bin ein Jude!"

„O das ist einerlei," entgegnete mir die Christin, „Jesus starb für Juden und Heiden."

Hiermit brachte sie mich wirklich in das Innere des Raumes zurück, und nach einigen weiteren Worten ersuchte sie mich, mit ihr zum Gebet niederzuknien.

„Gnädige Frau," versetzte ich, „das ist etwas, was ich nicht tue und nie tun werde."

Frau Jung (so hieß, wie ich später vernahm, diese ernste Seele) blickte mir darauf ruhig ins Gesicht und sagte: „Werter Herr, mein Jesus ist ein so liebevoller und mächtiger Heiland, daß ich fest glaube, Er kann Sie auch stehend bekehren, und so will ich jetzt niederknien und für Sie zu Ihm flehen."

Sie kniete demgemäß hin und ergoß sich in einem solch inbrünstigen, kindlichen Gebet für mich, daß ich wie gelähmt dastand. Ich schämte mich vor mir selber, daß ich stehenbleiben konnte, während die alte Dame auf ihren Knien lag und so flehentlich für mich betete. Mein ganzes vergangenes Leben zog wie ein Gericht an meinem Geist vorüber; ich hätte in die Erde sinken mögen.

Als sie sich erhob, reichte sie mir die Hand so herzlich wie eine Mutter und sagte: "Wollen Sie nicht heute abend, ehe Sie sich zur Ruhe begeben, zu Jesus beten?"

"Gnädige Frau," antwortete ich kurz, "ich werde zu meinem Gott, dem Gott Abrahams, Isaaks und Jakobs, beten, aber nicht zu Jesus!"

"Gott segne Sie," entgegnete die gute Alte, "der Gott Abrahams, Isaaks und Jakobs ist mein Christus und Ihr Messias."

Ich aber wandte mich von ihr ab, sagte nur noch: "Gute Nacht!" und: "ich danke Ihnen für Ihre Güte!" verließ das Haus und ging langsam heim.

Und es ward Licht.

Auf dem Weg zu meiner Wohnung schwirrten mir alle Begebenheiten der letzten Stunden durch den Kopf. "Warum," so fragte ich mich, "sind überzeugungstreue Christen so sehr besorgt um mich, der ich ihnen doch ganz fremd bin, ja um jedermann, sei er Jude oder Nichtjude? Warum lag ich dem sterbenden Tambour von Gettysburg selbst in seinen größten Qualen so sehr am Herzen, und warum bemühte sich der gläubige Barbier in Neuyork so sehr um mich? Warum sprach der Prediger heute abend so eindringlich zu mir, als hätte er nur mich vor sich? Weshalb folgte mir die gute Alte zur Tür und hielt mich zurück? Es muß sie doch eine Liebe dazu drängen, die ich nicht kenne und die sie in und zu Jesus besitzen, der mir noch fremd ist, ja den ich noch verachte."

Ich fühlte mich, je länger ich darüber nachdachte, desto unglücklicher. Zugleich faßte mich ein herzliches Verlangen, diesen Jesus kennenzulernen. Unwillkürlich beschleunigte ich meine Schritte; denn ich war fest entschlossen, mich heute abend nicht zur Ruhe zu begeben, ehe ich wenigstens einige Gewißheit darüber erlangt, ob die Lehre Jesu Christi göttliche Wahrheit sei oder nicht.

Zu Hause angelangt, fragte mich meine Gattin, eine orthodoxe Jüdin, beunruhigt, ob mir etwas fehle und wo ich herkomme; denn meine

Aufregung konnte ihr nicht verborgen bleiben. Ich antwortete ausweichend: „Bitte, liebe Frau, frage mich jetzt nicht; ich habe eine höchst wichtige Sache zu erledigen und muß allein sein."

Mit diesen Worten zog ich mich in mein Studierzimmer zurück, schloß hinter mir zu und begann zu beten, indem ich mich, wie ich es stets getan, mit dem Gesicht nach Osten wandte. Je länger ich aber betete, desto elender fühlte ich mich. Was war es? Darüber konnte ich mir keine Rechenschaft geben. Mehrere Weissagungen aus dem Alten Testament, die mich schon viel beschäftigt hatten, brachten mich in noch größere Verwirrung, und in meinen Gebeten fand ich keine Befriedigung.

Es war eine bitterkalte Nacht und mein Zimmer nicht geheizt; aber vielleicht nie in meinem Leben bin ich so in Schweiß gebadet gewesen wie in jener kalten Winternacht. Ich wußte keinen Ausweg. Gern wäre ich auf meine Knie gesunken und hätte zu Jesus gebetet, wie ich es heute gesehen hatte; aber ich fürchtete, dann verraten und verkauft zu sein, wenn ich etwa meine Knie vor einem Betrüger gebeugt hätte. In diesem Augenblick fielen mir meine Gebetsriemen, die an der Wand hingen, in die Augen. Seit meinem 13. Jahr war kein Tag vergangen, die Sabbate und Festtage ausgenommen, wo ich sie nicht gebraucht hätte. Sie waren mir lieb und teuer. Ich nahm sie herunter und betrachtete sie. Indem ich sie nun so anblickte, fuhr mir plötzlich die Bibelstelle 1. Mose 49, 10 durch den

Sinn: "Es wird das Zepter von Juda nicht entwendet werden noch der Stab des Herrschers von seinen Füßen, bis daß Schilo kommt, und Ihm werden die Völker gehorchen!"

Zwei andre Weissagungen noch, die ich oft gelesen und überdacht, kamen mir fast in demselben Augenblick mit gleicher Macht ins Gedächtnis, nämlich Micha 5, 1: "Und du, Bethlehem Ephratha, bist mitnichten klein unter Tausenden von Juda. Aus dir wird hervorkommen, der Herrscher sein wird in Israel und dessen Ausgänge von alters, von den Tagen der Ewigkeit her sind!" Die andre Weissagung ist die bekannte aus Jesaja 7, 14: "Darum wird der Herr selbst euch ein Zeichen geben: Siehe, die Jungfrau wird empfangen und einen Sohn gebären und Seinen Namen nennen: Immanuel!"

Unter dem Gewicht dieser Stellen, die ich nicht abzuweisen vermochte, schrie ich zu Gott: "O Herr, Gott Abrahams, Isaaks und Jakobs, Du weißt, ich bin aufrichtig in dieser Sache. Wenn Jesus der Sohn Gottes ist, so offenbare Ihn mir heute abend, so werde ich Ihn als meinen Messias annehmen."

Kaum hatte ich dies gesagt, als ich auch, fast ohne zu wissen, was ich tat, meine Gebetsriemen hinwarf und niederkniete, zum erstenmal in meinem Leben zu Jesus zu beten.

Ich werde dieses Gebet nie vergessen. Ich flehte: "O Herr Jesus Christus, wenn Du Gottes Sohn bist, wenn Du der Heiland der Welt bist, wenn Du der Messias der Welt bist, auf den wir Juden noch warten, und wenn Du Sünder bekehren kannst, wie die Christen von Dir sagen, dann bekehre mich, denn ich bin ein Sünder, und ich will Dir versprechen, Dir alle Tage meines Lebens zu dienen."

Aber mein Gebet schien nicht höher zu steigen als bis zur Zimmerdecke, was ja auch nicht zu verwundern war, da ich mit meinen vielen „Wenn" gleichsam mit Jesus einen Handel machen wollte. Etwa eine halbe Stunde lag ich jedoch im Gebet auf meinen Knien, während mir der Schweiß in dicken Tropfen über das Gesicht lief. Ich lehnte meinen glühend heißen Kopf gegen die kalte Wand, um ihn zu kühlen, ich seufzte und flehte; aber ich fand noch keinen Frieden. So stand ich auf und ging in meinem Zimmer auf und ab. Auch der Versucher machte neue Anstrengungen und flüsterte mir ein: „Du bist schon zu weit gegangen. Was hast du mit Jesus zu tun?" Und ich fühlte mich durch die Macht der Gewohnheit wieder zu meinen Gebetsriemen hingezogen, die einen fast magnetischen Einfluß auf mich ausübten, obwohl ich sie durch das Hinwerfen so sehr entweiht hatte. Gottes Geist aber zog mich wieder ins Gebet zu Jesus Christus. So verbrachte ich die Nacht abwechselnd im Gebet auf meinen Knien und im Auf- und Abgehen in meinem Zimmer.

Gegen 2 Uhr morgens wurde es hell in mir. Ich konnte durch Gottes Gnade nun glauben und erkennen, ja es in meiner Seele fühlen, daß Jesus Christus wahrhaftig Gottes Sohn und der verheißene Messias sei. Nunmehr beugte ich meine Knie zum Gebet, diesmal voll Dank und Anbetung; denn mein Herz floß über von Friede und Freude, wie ich solche nie zuvor in meinem Leben empfunden hatte. Ich war bekehrt und wußte nun, daß Gott durch Christus mir meine Sündenschuld getilgt und mich zu sich gebracht hatte. Ich verstand nun auch, daß vor Gott „weder Vorhaut noch Beschneidung etwas gilt, sondern nur eine neue Schöpfung".

„Du und dein Haus."
Apostelg. 16, 31.

Mit überströmender Freude erhob ich mich von den Knien und eilte ins Schlaf=
zimmer meiner lieben Gattin, um ihr mein eben gefundenes Glück kund=
zutun. Sie hatte sich längst zur Ruhe begeben, aber das Licht brennen lassen. Ich fiel ihr um den Hals und weckte sie durch viele Küsse aus dem Schlaf. „Frau, Frau," rief ich, „ich habe den Heiland gefunden!"

Sie schien ärgerlich zu sein, wehrte mich ab und sagte: „Wen hast du gefunden?"

„Jesus Christus, meinen Messias und Erret=
ter!" war meine laute, freudige Antwort.

Als einzige Antwort hierauf sprang meine Frau auf, kleidete sich an und hatte, obgleich es

2 Uhr nachts und bitterkalt war, in weniger als fünf Minuten das Haus verlassen. Sie ging zu ihren gerade uns gegenüber wohnenden Eltern. Ich folgte ihr nicht, sondern betete, daß Gott auch ihre Augen öffnen möchte, wie Er sie mir geöffnet hatte; dann begab ich mich zur Ruhe.

Am Morgen ließen meine Schwiegereltern meine beiden Kinder holen. Sie durften mich nicht mehr Vater nennen, wie auch meine Gattin mich nicht mehr ihren Mann nennen durfte, wenn sie nicht aus der Synagoge gestoßen und verflucht werden wollte.

Fünf Tage nach meiner Bekehrung bekam ich vom Generalstabsarzt Befehl, eine Inspektionsreise nach dem Westen anzutreten. Ich gab mir alle erdenkliche Mühe, bei meiner Frau und meinen Kindern einen Abschiedsbesuch zu machen, aber vergebens. Ich trat traurigen Herzens meine lange Fahrt von über 2000 Kilometer an, ohne die Meinen, die ich so innig liebte, vorher gesehen zu haben.

Vierundfünfzig Tage war ich von zu Hause fort; meine Frau hatte nicht einen Brief von mir gelesen, obwohl ich Tag für Tag einen an sie absandte. Ich flehte viel zum Herrn, Er wolle doch ihr Herz neigen, daß sie nur einen meiner Briefe öffnen und lesen möchte, denn in allen hatte ich ihr Christus verkündigt, und ich hoffte, sie würde dann doch über manches, was sie wider mich gesagt und getan, nachdenken. Gott erhörte mich, wenn auch auf wunderbare Weise. Wahrlich, an Mitteln und Wegen fehlt's Ihm nicht!

Der Ungehorsam meiner Tochter, meines Lieblings, die sich aber auch von mir abgewandt hatte, war die Ursache, daß meine Frau bekehrt wurde. Meine Tochter träumte nämlich in der 53. Nacht nach meinem Weggang, sie habe mich sterben sehen, und war, da sie trotz allem mich sehr liebte, in großer Unruhe. Sie nahm sich deshalb vor, am nächsten Morgen den Briefträger an der Tür zu erwarten und meinen Brief zu sich zu nehmen und zu lesen. Sie tat es; am Morgen nahm sie meinen Brief in Empfang, eilte mit demselben auf ihr Zimmer und las ihn bei verschlossener Tür. Der Inhalt machte sie im höchsten Grad unruhig. Sollte sie schweigen? Traurig, mit verweinten Augen, kam sie von ihrem Zimmer, und die Mutter fragte sie: "Was hast du?"

"Mama, ich bin ungehorsam gewesen; willst du nicht zürnen, wenn ich dir alles sage?"

"Was ist es, mein Kind?" versetzte die Mutter.

Jetzt zog die Tochter meinen Brief hervor, erzählte ihren Traum und fügte hinzu: "Ich habe Papas Brief von heute morgen aufgemacht und gelesen und glaube nicht mehr, daß Papa ein böser Mann ist; mag es sagen, wer da will. Da, Mama, bitte, lies!"

Die Mutter nahm ihr schnell den Brief ab und verschloß ihn schweigend in ihr Pult. Am Nachmittag schloß sie sich ab und las ebenfalls im geheimen fünfmal den Brief, ehe sie ihn hinlegte. Je mehr sie las, desto unglücklicher fühlte sie sich.

Nun war an ihr die Reihe, zu weinen. Ins Wohnzimmer zurückgekehrt, wurde sie gefragt: „Mama, was ist dir? Du hast geweint."

„Kind," sagte sie zu meiner Tochter, „das Herz will mir brechen. Ich muß mich zu Bett legen."

Die Großmutter kam und machte ihr eine Tasse Tee; aber der konnte nicht helfen. Dann ließ sie den Doktor D. holen, der alsbald Mittel verschrieb; aber auch diese verfehlten ihre Wirkung.

Gern wäre meine Frau allein gewesen, denn sie wußte, daß von dieser Seite ihr keine Hilfe komme. Sie hatte sich vorgenommen, sobald sie allein sei, ihre Knie vor dem Herrn zu beugen, wie ich es getan. Erst nach 11 Uhr, als die Schwiegermutter weggegangen war, flehte meine Frau auf ihren Knien um Licht und Frieden. Und siehe, der Herr schenkte in Seiner Gnade ihrem Herzen, was sie begehrte. Sie konnte sich Jesu Christi, ihres Gottes und Heilandes, freuen.

Am folgenden Morgen ging mir in der Ferne folgendes Telegramm zu: „Lieber Gatte, komm sofort heim! Ich glaubte, du seiest im Irrtum, ich im Recht; es war umgekehrt. Dein Christus ist mein Messias, dein Jesus mein Heiland. Heute nacht hat der Herr Jesus, während ich zum erstenmal in meinem Leben auf den Knien lag, meine Seele errettet."

Welch ein Jubel, als ich dieses Telegramm erhielt! Mir war, als läge mir an der ganzen Welt nichts mehr, und ohne erst meine Arbeit

zu vollenden, kehrte ich mit dem ersten Schnell=
zug zurück. Ich hatte meine Rückkehr telegra=
phisch gemeldet und fand meine Gattin freude=
strahlend vor der Haustür, mich erwartend. Als
ich aus dem Wagen stieg, lief sie mir entgegen,
fiel mir um den Hals und küßte mich. Drüben
aber, uns gegenüber, tat sich die Haustür auf, die
armen Schwiegereltern traten auf die Schwelle
und fluchten uns.

Zehn Tage, nachdem der Herr meiner teuren
Gattin das Herz aufgetan, fand auch meine Toch=
ter Frieden in Jesus. — Sie ist heute die Gat=
tin eines Dieners am Evangelium und seine
Mitarbeiterin im Weinberg des Herrn.

Mein einziger Sohn (ach, wollte Gott, daß
ich von ihm gleich Erfreuliches melden könnte!)
hat von seinen Großeltern das Versprechen er=
halten, ihr ganzes Vermögen zu erben, wenn er
uns nie mehr „Vater" und „Mutter" nennen
wolle, und ist bis dahin in Feindschaft gegen
uns geblieben.

Meine Gattin lebte nach ihrer Bekehrung nur
noch ein Jahr und neun Monate; da nahm der
Herr sie zu sich. Auf ihrem Sterbebett hätte
sie noch gern ihren Sohn gesehen. Wir schickten
wieder und wieder nach ihm, aber er kam nicht.
Ein Prediger aus der Stadt ging mit seiner
Gattin zu ihm, um ihn zu seiner sterbenden
Mutter einzuladen; aber mit harten, entsetzlichen
Worten wies er sie ab.

An einem Donnerstagabend bat mich meine
Frau, eine Anzahl Brüder und Schwestern in

Christus zu ihr zu laden; sie fühlte ihr Ende
nahe. Etwa 38 kamen. Auf die Bitte der
Heimgehenden stimmten wir mit ihr das Lied
an: „Jesus, Heiland meiner Seele!" Als wir
den Vers sangen: „Nur Christus, Du bist mein
Begehr!" sagte sie mit schwacher, doch klarer
Stimme: „Ja, Er ist alles, was ich habe und
was ich brauche! So komm, hochgelobter Jesus,
und nimm mich heim!" Damit entschlief sie sanft
in Ihm.

Sie war vom Glauben zum Schauen gelangt,
war nun daheim bei Jesus. Wie süß und herr=
lich, bei Ihm zu sein immerdar! Mein Sohn
kam nicht zum Begräbnis und nannte sie nicht
wieder Mutter noch mich Vater. Dreimal fuhr
ich von Amerika nach Deutschland, wohin er
später gegangen war, um mit ihm zu reden und
ihn mit mir und seiner Schwester zu versöhnen;
aber umsonst, er wich mir aus, er wollte mich
nicht sehen. Um so mehr aber flehten wir zu
Gott, daß Er ihn erretten und ihn in Jesus das
Lamm Gottes erkennen lassen möge, welches die
Sünde der Welt trägt. Bei einem vierten Be=
such in Deutschland, im Juli 1887, war es mir
vergönnt, ihn zu sprechen; bei der Erinnerung
an seine Mutter und an sein Tun vergoß er
Tränen und versprach, sowohl ihr Grab als
auch seine Schwester in Amerika zu besuchen.

An meine alte Mutter, die auch in Deutsch=
land lebte, hatte ich gleich nach meiner Bekeh=
rung geschrieben und ihr gemeldet, wie Gott
mich den wahren Messias hatte finden lassen.

Wie hätte ich auch diese gute Botschaft vor ihr verbergen können! Ich fühlte wie der Psalmist: "Kommt herzu und höret, ihr alle, die ihr den Herrn fürchtet, ich will euch kundtun, was Gott an meiner Seele getan hat!" Und für meine Mutter hegte ich besondere Hoffnung, daß sie mir, ihrem ältesten von 14 Kindern, glauben würde. Doch ach, wie hatte ich mich getäuscht! Lange, lange antwortete die Mutter nicht. Endlich brachte mir der Briefträger den so heiß ersehnten Brief mit den deutschen Postzeichen. Ich lief damit zu meiner damals noch lebenden Frau und rief: "Frau, endlich ist er da!" Aber wie erschrak ich, als ich den kurzen Brief überflog — er enthielt den Fluch meiner Mutter.

Das hatte ich nicht erwartet. Die Trennung von meiner Frau und meinen Kindern hatte mich tief gebeugt, doch bei weitem nicht so niedergedrückt wie diese Verstoßung und der Fluch meiner Mutter. Der Herr aber gab mir das Wort zum Trost (Ps. 27, 10): "Denn mein Vater und meine Mutter verlassen mich, aber der Herr nimmt mich auf." Meine teure Mutter starb nicht lange nachher; wie mir gesagt wurde, war das letzte Wort, das ihre sterbenden Lippen aussprachen, mein Name "Max".

* * *

Es ist Oktober 1887, da ich diese letzten Zeilen schreibe. Mit Freude und innigem Dank darf ich darin die Bekehrung meines Sohnes melden. Schon vor meinem Zusammentreffen mit ihm im Juli d. J. hatte der Herr und Heiland an seiner Seele gearbeitet und sein Herz beunruhigt. Nach einer Zeit von 14 Jahren nannte er mich zum erstenmal wieder Vater und weinte bitterlich. Wir reisten einige Tage in Deutschland miteinander und besprachen vieles. Er beklagte besonders, daß er seine Mutter nicht mehr auf dem Sterbebett besucht habe, und drückte sein Verlangen aus, sie doch im Himmel wieder zu sehen. Dann reiste er allein nach Amerika zurück, wo er am Montag, dem 15. August, seine Schwester, von der er 14 Jahre getrennt gewesen war, wieder sah. Am folgenden Freitag gingen die beiden zum Grab der Mutter. Noch am selben Abend schrieb mir meine Tochter, sein Herz sei am Grabe fast gebrochen vor Schmerz, und schloß mit den Worten: „Lieber Vater, Gott sei gepriesen! Der Bruder erkennt, daß er ein verlorener Sünder ist. Mein Mann und ich und einige Christen hier beten viel um seine Bekehrung."

Am Freitag, dem 26. August, ging mein Sohn wieder zum Grab seiner Mutter, diesmal allein. Dort hat ihm Gott in Seinem unendlichen Erbarmen Frieden und Vergebung seiner Sünden im Glauben an Jesus Christus geschenkt. Er eilte heim, um seiner Schwester die frohe Kunde zu bringen, und schrieb mir noch an demselben Abend. Ohne sein Wissen schrieb auch meine Tochter, und beide Briefe gingen zugleich an mich ab.

Mein Gebet zu Gott ist, daß es mir noch vergönnt sein möge, meinen Sohn, der so lange dem Herrn widerstrebte, das köstliche Evangelium von Jesus Christus, seinem Erlöser, predigen zu hören; denn wie er schreibt, gedenkt er in das Werk des Herrn zu treten und Sein Evangelium zu verkündigen.

Es wird meinen Lesern wichtig sein zu hören, was ich noch hinzufügen möchte, nachdem ich von der wunderbaren Gnade Gottes gegen mich und mein Haus ein wahrheitsgetreues Zeugnis ablegen durfte, daß es mir nämlich vergönnt gewesen, anderthalb Jahre nach meiner Bekehrung mit der Mutter von Karl Coulson, jenem treuen Tambour von Gettysburg, zusammenzutreffen. Es war in einer Gebetsversammlung in der Stadt Brooklyn, der ich als Unbekannter beiwohnte. Dort erzählte eine ältere Christin, sie sei leidend und wohl zum letztenmal hier, sie freue sich aber heimzugehen, wo sie auch ihren Karl bei Jesus wiederfinden würde. „Denn," sagte sie, „er kämpfte nicht nur für sein Vaterland, sondern war auch ein Streiter Jesu Christi. Er wurde in der Schlacht von Gettysburg verwundet und fiel in die Hände eines jüdischen Arztes, der ihm Arme und Beine abnahm. Fünf Tage nach der Amputation starb er. Der Feldprediger übersandte mir seine Bibel. In dem Brief wurde mir mitgeteilt, er habe in seiner Sterbestunde den jüdischen Arzt rufen lassen und zu ihm gesagt:

‚Herr Doktor, ehe ich sterbe, will ich Ihnen sagen, daß ich vor fünf Tagen, während Sie mir Arme und Beine abnahmen, zum Herrn Jesus für Sie gebetet habe, daß Er Sie bekehren möge.'"

Sobald ich diese Worte gehört, konnte ich nicht mehr sitzenbleiben; ich stand auf, ging auf die gute Alte zu, reichte ihr die Hand und sagte: „Gott segne Sie, geliebte Schwester! Jenes Gebet Ihres Sohnes hat Gott erhört. Ich bin jener jüdische Arzt, für den Ihr Karl gebetet hat; sein Heiland ist jetzt auch mein Heiland!"